Unendliche Wege zum Glück

Sajjad Yazdanpanah

Titel: Unendliche Wege zum Glück

Verfasser: Sajjad Yazdanpanah

Herausgeber: Supreme Art, USA

ISBN: 9781942912729

Urheberrechte © 2020

Alle Rechte, die dem Autor und

dem Autor vorbehalten sind, sind für die Rechtefragen verantwortlich

Zusammenfassung:

Dieses Buch erklärt, wie man auf einfachste Weise mit dem Bewusstsein kommuniziert. Außerdem wurden die wichtigen Gedanken und Worte der Menschen und die Art und Weise, Gedanken in Richtung Ihres Glücks zu kontrollieren, erklärt. Es gibt viele motivierende Bilder in diesem Buch, die Ihr Unterbewusstsein zu Erfolg und Glück führen können.

Natürlich ist die Art zu denken, zu sprechen und die Einstellung zum Leben das wichtigste Werkzeug und der wichtigste Faktor für Glück oder Erfolg. Am wichtigsten ist, wie man richtig denkt und fühlt und wie sich Denken und Fühlen auf unser Leben auswirkt.

In diesem Buch lernen Sie, wie Sie mit einer Reihe völlig einfacher Methoden Ihr Leben in Richtung Glück und Erfolg verändern können.

Was ist das Unterbewusstsein?

Ihr Körper hat ein Kontrollzentrum, das Ihr Leben nach Ihren Gefühlen und Überzeugungen kontrolliert.

Dieses Kontrollzentrum beginnt in der Anfangsphase Ihres Lebens und speichert alle Daten und Geräusche und sogar die Gefühle Ihrer Mitmenschen.

Herzfrequenz, Atmung, Verdauung, Wachstum von Körperzellen und viele andere Aufgaben werden vom Unterbewusstsein unfreiwillig erledigt.

Das Unterbewusstsein ist wichtig, weil Sie Ihr Schicksal ändern können, indem Sie es kommunizieren oder ändern.

Das menschliche Unterbewusstsein ist wie ein Computer oder eine Maschine, die glaubt, dass man alles wahrmachen oder immer wieder wiederholen kann.

Dies bedeutet, dass, wenn Sie mit Ihrem Unterbewusstsein kommunizieren können, jedes Ziel und jede Aktion für Sie möglich und erreichbar ist.

Das Unterbewusstsein urteilt oder denkt nicht, sondern spiegelt nur Ihre Gedanken und Überzeugungen wider.

So wie Sie nicht mit mathematischen Formeln und den Gesetzen der Physik vertraut sein müssen, um Fahrrad zu fahren, müssen Sie nicht alle Bücher über Psychologie oder Medizin kennen, um Ihr Unterbewusstsein zu planen.

Wie programmieren wir unser Unterbewusstsein?

Mit Meditation

Mit deinen Wörtern

Mit Bilder

Mit Music oder Hören

Nature

Meditation

Lassen Sie uns die Dinge nicht komplizieren.

Einfach ausgedrückt bedeutet Meditation, die Augen zu schließen, regelmäßig tief zu atmen und Körper und Geist zu entspannen, als würde man auf einer bequemen Matratze liegen.

Nach einer Minute sollten Sie alle negativen Emotionen vergessen, damit Ihr Unterbewusstsein Ihre Stimme hören kann.

Angenommen, Sie möchten reich werden. Wenn Sie ein bestimmtes Projekt oder Ziel haben, in dem Sie erfolgreich sein möchten, haben Sie klare Bilder vom Erfolg dieses Projekts im Kopf, während Sie die Augen geschlossen haben. Stellen Sie sich vor, das Projekt ist erfolgreich. Dies bedeutet, dass Sie einen Film oder Bilder Ihres eigenen Erfolgs ansehen. Wenn Sie jedoch kein bestimmtes Projekt im Sinn haben, können Sie es Ihrem Unterbewusstsein überlassen. Sprich langsam mit dir: Mein

Unterbewusstsein zeigt mir den Weg, reich zu werden. Stellen Sie sich sehr klare Bilder vor. Stell dir vor, du bist jetzt reich.

Dies ist nur ein einfaches Beispiel für Meditation, aber vergessen Sie nicht, dass Sie mindestens zweimal am Tag üben und meditieren müssen, wenn Sie aufwachen und bevor Sie nachts ins Bett gehen. Sie müssen nicht nach Reichtum suchen, sondern können für Ihren eigenen Seelenfrieden meditieren.

Wörter:

Das Unterbewusstsein hört dir ständig zu. Er hört sogar, was Sie sich sagen. Hört jeden Satz, den Sie im Radio oder von Ihrem Kollegen hören, und speichert alles.

Am wichtigsten sind jedoch die Wörter und Sätze, die Sie selbst sagen. Jeder Satz, den Sie sagen, ob positiv oder negativ oder sogar als Witz, wird von Ihrem Unterbewusstsein als selbstverständlich angesehen. Deshalb wird immer betont, entweder nicht zu sprechen oder positive oder neutrale Sätze zu verwenden.

Was Sie immer wieder wiederholen, akzeptiert Ihr Unterbewusstsein als Wahrheit. Und diese Wahrheit, ob Sie es mögen oder nicht, wird Ihr Schicksal werden.

Aber vergessen Sie nicht, dass Ihr Unterbewusstsein sie umso leichter akzeptiert, je klarer die Sätze sind und je weniger sie sind. Sagen Sie sich zum Beispiel langsam, wenn Sie aufwachen:

Heute ist mein Wundertag.

Oder zum Beispiel: Mein Leben wird von Tag zu Tag besser

Oder: Ich fühle Gesundheit und Glück mit meinem ganzen Sein

Bilder: Bilder spielen eine sehr wichtige Rolle in Bezug auf das Unterbewusstsein.

Der beste Weg ist, positive Affirmationen oder Sätze Ihrer Wahl auf Papier zu schreiben und sie an den Kühlschrank oder die Wand zu kleben. Jedes Mal, wenn Sie diesen nachdrücklichen Satz betrachten, kommen Sie dem, was Sie wollen, einen Schritt näher.

Sie können auch Bilder an die Wand Ihres Zimmers oder Arbeitsplatzes kleben, die Ihnen ein Gefühl von Glück oder Reichtum und Kraft vermitteln.

Das Wichtigste ist zu wissen, dass Angst den gegenteiligen Effekt hat, das heißt, Sie senden tatsächlich ein Bild von allem, was Sie fürchten, an Ihr Unterbewusstsein, und dies führt dazu, dass dies geschieht.

Darüber hinaus tun Emotionen wie Wut oder Eifersucht genau dasselbe mit Ihrem Unterbewusstsein. Wenn Sie auf jemanden eifersüchtig sind, senden Sie tatsächlich die Nachricht an Ihr Unterbewusstsein, dass andere erfolgreicher sind als Sie oder dass andere erfolgreich sind und Sie nicht.

Ja, du musst vorsichtig sein. Das Unterbewusstsein ist wie ein Garten, und was auch immer Sie darin verwenden, Sie werden seine Ernte ernten.

Stellen Sie sich zum Beispiel vor, jemand hat Ihnen etwas Geld gestohlen und Sie sind sehr wütend auf ihn und Sie können ihm nicht vergeben oder Sie möchten nicht vergeben.

Diesem Dieb zu vergeben bedeutet nicht, sein Fehlverhalten anzuerkennen, aber wenn Sie ihm nicht vergeben und wütend auf ihn sind, sollten Sie die Bilder und Samen der Pflanze des Zorns in Ihre unterbewusste Farm pflanzen. Und diese Dinge werden bald wieder passieren.

Deshalb sollten Sie immer gute Wünsche für alle Menschen haben. Wenn Ihre unterbewusste Farm voller guter Pflanzen oder zumindest leer von giftigen Pflanzen wie Eifersucht und Wut ist, können Sie sie leichter auf Ihr Ziel hin planen.

Dieser Effekt wird als Unterbewusstsein der Absorptionskraft bezeichnet. Das heißt, Sie erhalten das Bild oder den Samen von allem, was Sie in Ihr Unterbewusstsein pflanzen, oder noch besser.

Außerdem hat alles im Universum seine eigene Frequenz.

Wenn Sie sich beispielsweise an die Häufigkeit des Wohlstands anpassen oder einer werden, werden Sie Wohlstand absorbieren. Und wenn Sie sich an die Häufigkeit der Armut anpassen, werden Sie arm.

Es ist niemals zu spät. Der Körper erneuert und teilt ständig Zellen und fast alle 6 Monate werden Sie ein ganz neuer Mensch.

Jetzt kennen Sie die Regeln. Jetzt anfangen. Die Welt außerhalb von dir ist nichts als die Welt in dir oder deinem Unterbewusstsein.

Beginnen Sie jetzt und bauen Sie sich eine Welt voller Erfolg und Glück. Wichtig ist, dass der einzige Weg, die Welt zu verändern, darin besteht, sich selbst und genauer gesagt Ihr Unterbewusstsein zu verändern.

Music: Ein weiterer wichtiger Weg, um Ihr Unterbewusstsein zu planen, ist das Hören von Musik. Es gibt spezielle Musikprogramme für das Unterbewusstsein, jedes mit seiner eigenen Frequenz und Wirkung, und Sie können sie mit einer einfachen Suche auf YouTube anhören.

Aber Sie können jede Musik verwenden, mit der Sie sich gut fühlen und die Arbeit nicht komplizieren, oder überhaupt ohne Musik, und versuchen, die Stimme der Welt zu sein oder den Klang des Atmens zu hören.

Nature: Die Natur kann viel dazu beitragen, Ihre innere Energie zu steigern. Ein Spaziergang in der Natur und insbesondere die Annäherung an den Fluss können eine wichtige Rolle bei der Aufnahme positiver Energien spielen. Darüber hinaus ist das Duschen eine großartige Gelegenheit, die gewünschten Bilder an Ihr Unterbewusstsein zu senden.

Alles muss geübt werden, und manchmal dauert es eine Weile, bis einige Aufgaben erledigt sind. Wenn Sie beispielsweise Pizza bestellen, sollten Sie mindestens 20 Minuten warten oder eine Pflanze pflanzen. Ein gesätes Saatgut braucht mindestens zwei Wochen, um sich in ein Saatgut zu verwandeln.

Das Unterbewusstsein arbeitet genauso. Sie müssen üben, um die Art und Weise zu beherrschen, wie Sie mit Ihrem Unterbewusstsein kommunizieren. Dann sendet Ihr Unterbewusstsein Ihr Verlangen an das gesamte Universum und das Universum versucht sein Bestes, um Sie so schnell wie möglich zu erreichen.

Mit dem Unterbewusstsein zu arbeiten bedeutet nicht, dass Sie nichts tun und nur träumen, sondern es bedeutet, es auf die richtige Art und Weise und mit maximaler Kraft, der Kraft des Unterbewusstseins, zu versuchen. Aber manchmal wirkt Ihr Unterbewusstsein Wunder, und es kann der erste Schritt im Universum sein, um Ihnen zu geben, was Sie wollen, auch ohne Anstrengung.

Und schließlich habe ich eine Reihe von Sätzen und Fotos für Sie ausgewählt. Diese Sätze können wunderbar sein und Ihr Leben für immer verändern.

Darüber hinaus können Sie nach dem Lesen dieses Buches die gewünschten Sätze oder Bilder verwenden.

Früher oder später begegnen Sie Ihren eigenen Kreationen Ihres Geistes in Ihrer Außenwelt.

Ändere dein Leben mit deinen Worten.

Geben Sie Ihrem Unterbewusstsein Bilder von Glück, Reichtum, Wünschen… all den guten Dingen.

Sie müssen so tun, als hätten Sie bereits erhalten.

Die Wunder geschehen dir jetzt.

Sie können nur das empfangen, was Sie selbst erhalten.

Die Kraft Ihres Wortes oder Unterbewusstseins kann Ihr Schicksal und Ihr Leben sofort verändern.

Wenn Sie jemandem Pech wünschen, werden Sie sicher selbst Pech haben. Wenn Sie jemandem zum Erfolg verhelfen möchten, wünschen Sie sich und helfen sich selbst zum Erfolg.

Liebe ist eine Lösung für all deine Probleme.

Liebe alle Menschen, liebe dich selbst, liebe die Welt, liebe deine Freunde, liebe deine Nachbarn ...

Versuchen Sie statt Kritik zu vergeben.

Hab keine Angst. Deine einzigen Feinde sind in dir.

Versuchen Sie, jedem Menschen guten Willen und Segen zu senden. Dann kann dir niemand schaden.

Liebe besiegt alle deine Feinde.

Wasser ist das stärkste Element, weil es absolut nicht beständig ist.

Der einzige Feind sind deine Ängste.

Was immer Sie sich zutiefst gut oder schlecht fühlen, wird von Ihrem Unterbewusstsein dargestellt.

Wenn Sie Ihr Unterbewusstsein nicht selbst betreiben, wird es von jemandem für Sie ausgeführt.

Wenn Sie keine Träume machen, müssen Sie die Träume eines anderen machen.

Heute ist ein wunderschöner Tag.

Kraft des Unterbewusstseins:

Das Gefühl von Gesundheit erzeugt Gesundheit.

Das Gefühl von Reichtum erzeugt Reichtum.

Wie bist du heute gefallen?

Kraft des Unterbewusstseins:

Es vergrößert alles, was Sie hinterlegen oder beeindrucken, ob es sich um Wohlstand oder Armut handelt. wähle Reichtum.

Wenn Sie Reichtum wünschen, müssen Sie reich an Bewusstsein sein.

Folge deinem Herzen und arbeite unter der Leitung des Überbewusstseins (Gott)

Stattdessen glaubt Karma an die Liebe.

Es gibt nur eine Kraft auf der Welt und es ist Liebe und sie beurteilt und vergibt nicht alles.

Reine selbstlose Liebe zieht ihre eigene auf sich.

Sie müssen nicht verlangen oder fragen. Gib eine perfekte Liebe und du wirst perfekte Liebe erhalten.

Wenn du echte Liebe aussendest, wird echte Liebe zu dir zurückkehren.

Kritisieren und verurteilen Sie keinen Reichtum oder reiche Leute.

Wünschen Sie allen Ihren Konkurrenten immer mehr Wohlstand.

Ich lebe in der Welt des Überflusses.

Entscheide dich, reich zu sein.

Ihr Unterbewusstsein ist wie ein Computer. Was Sie an der Eingabeaufforderung schreiben, wird Ihr Schicksal sein.

Bauen Sie die Ideen der Reichen in Ihr Unterbewusstsein ein.

Ihr Unterbewusstsein muss zustimmen, dass Sie reich sind.

Versuche dich wie ein reicher Mann zu fühlen.

Die Herrschaftsidee wird von Ihrem Unterbewusstsein immer akzeptiert. Glaube einfach, dass du reich sein musst. Die vorherrschende Idee sollte Wohlstand und nicht Armut sein.

Neid und Eifersucht sind Stolpersteine für den Fluss des Reichtums.

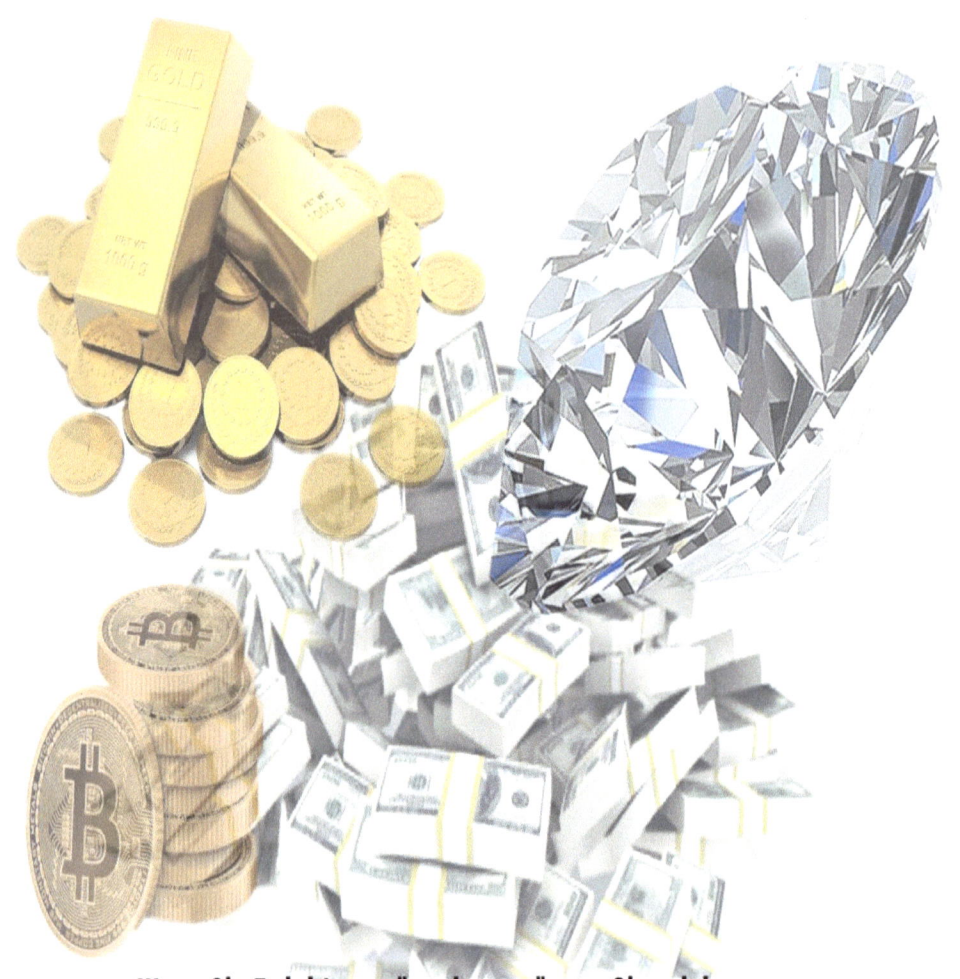

Wenn Sie Reichtum wünschen, müssen Sie reich an Bewusstsein sein.

Folge deinem Herzen und arbeite unter der Leitung des Überbewusstseins (Gott)

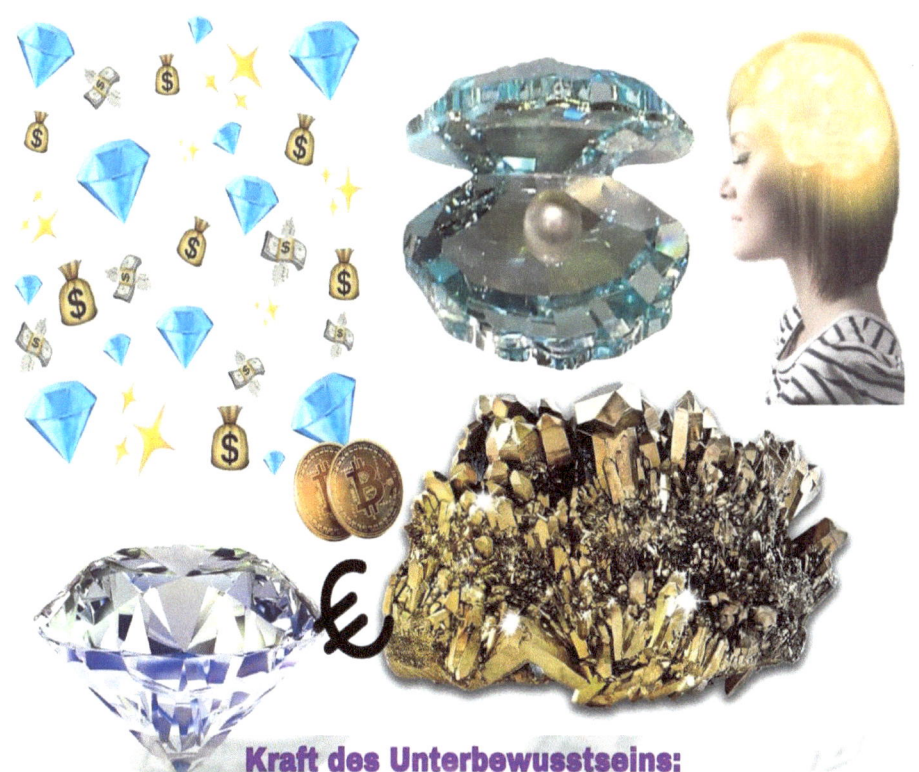

Kraft des Unterbewusstseins:
Das Gefühl von Gesundheit erzeugt Gesundheit.
Das Gefühl von Reichtum erzeugt Reichtum.
Wie bist du heute gefallen?
Kraft des Unterbewusstseins:
Es vergrößert alles, was Sie hinterlegen oder beeindrucken, ob es sich um Wohlstand oder Armut handelt. wähle Reichtum.

Stattdessen glaubt Karma an die Liebe.
Es gibt nur eine Kraft auf der Welt und es ist Liebe und sie beurteilt und vergibt nicht alles.
Reine selbstlose Liebe zieht ihre eigene auf sich.
Sie müssen nicht verlangen oder fragen. Gib eine perfekte Liebe und du wirst perfekte Liebe erhalten.

Wenn du echte Liebe aussendest, wird echte Liebe zu dir zurückkehren.

Kritisieren und verurteilen Sie keinen Reichtum oder reiche Leute.
Wünschen Sie allen Ihren Konkurrenten immer mehr Wohlstand.
Ich lebe in der Welt des Überflusses.
Entscheide dich, reich zu sein.
Ihr Unterbewusstsein ist wie ein Computer. Was Sie an der Eingabeaufforderung schreiben, wird Ihr Schicksal sein.
Bauen Sie die Ideen der Reichen in Ihr Unterbewusstsein ein.
Ihr Unterbewusstsein muss zustimmen, dass Sie reich sind.
Versuche dich wie ein reicher Mann zu fühlen.

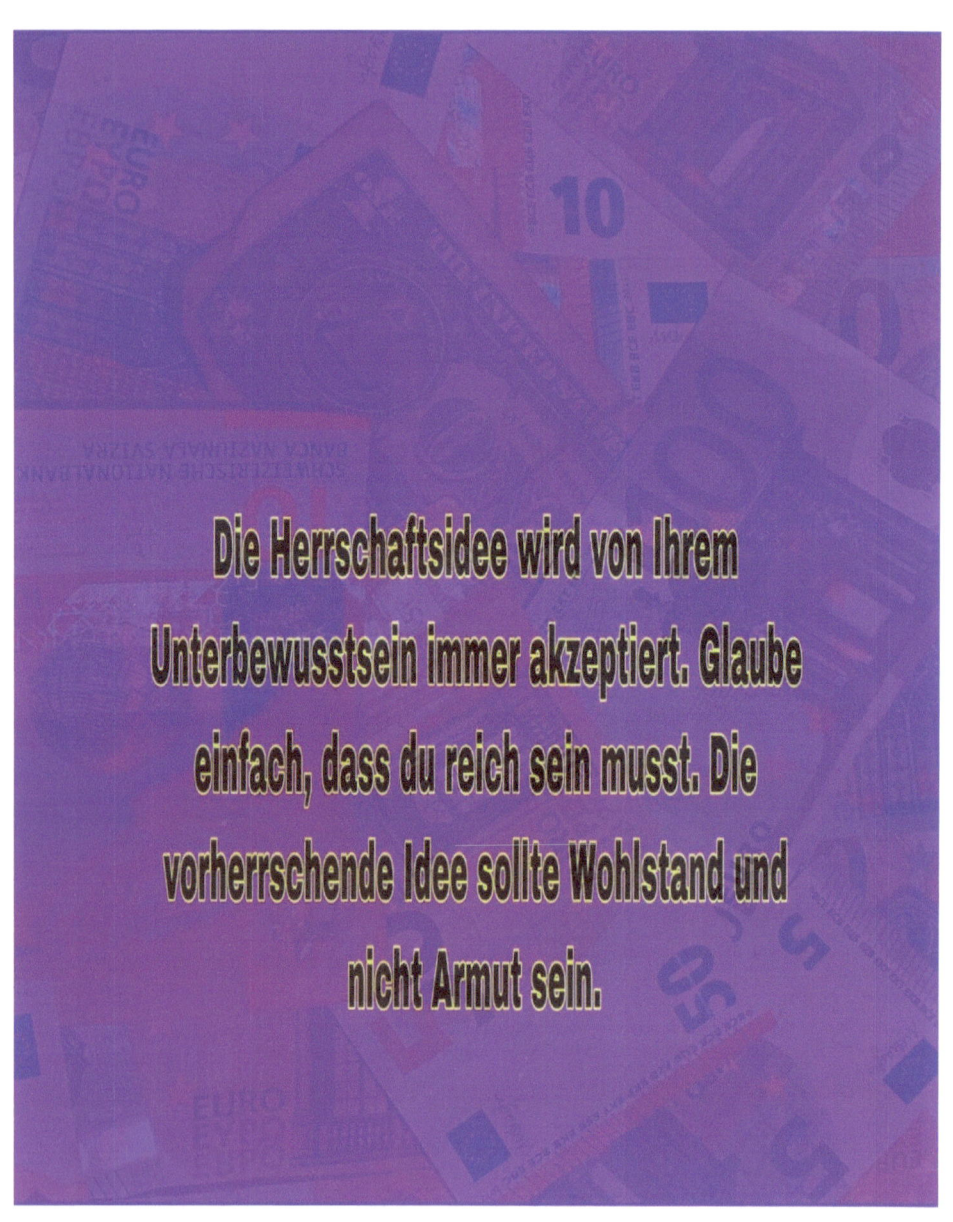

Die Herrschaftsidee wird von Ihrem Unterbewusstsein immer akzeptiert. Glaube einfach, dass du reich sein musst. Die vorherrschende Idee sollte Wohlstand und nicht Armut sein.

Neid und Eifersucht sind Stolpersteine für den Fluss des Reichtums.

Sie haben das Recht, reich zu sein. Sie sind hier, um die Fülle zu führen. Geld ist nur ein Symbol. Sie haben das Recht, ein schönes Leben mit zu viel Geld und schön und luxuriös zu führen. Geld ist ein Symbol für Überfluss und absolut Geld ist nicht schlecht, besonders zu viel Geld.
Bevor Sie schlafen, sehen Sie sich Ihren reichen Traum an.

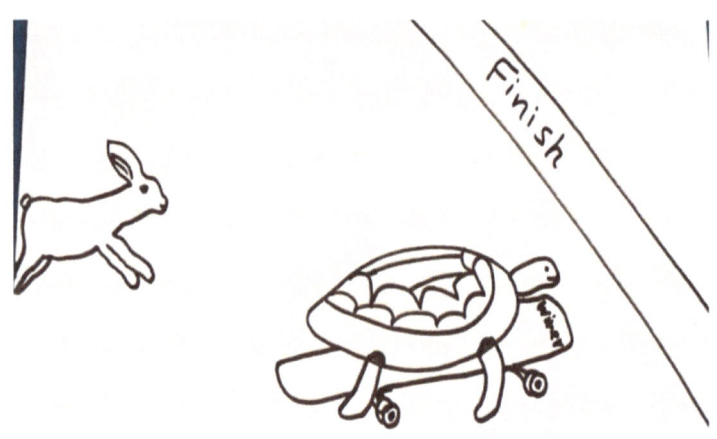

**Verurteilen Sie kein Geld.
Sie müssen nicht hart arbeiten, um reich zu werden, aber Sie sollten Intelligenz arbeiten. Du bist kein Sklave. Folgen Sie einfach Ihren Talenten und versuchen Sie, Ihren Job zu lieben oder Ihren Lieblingsjob zu finden. Fordern Sie Wohlstand, Glück, Frieden, wahren Ausdruck, Liebe und strahlen Sie Liebe und guten Willen für alle aus.**

Versuchen Sie mit Ihren Worten Kontakt mit Ihrem Unterbewusstsein aufzunehmen und sagen Sie ihm Ihre Träume.
Ihre Zukunft liegt in Ihrem Unterbewusstsein.
All die Dinge arbeiten heute für mich zum Guten zusammen.
Dies ist heute ein neuer und wundervoller Tag für mich.
reine Liebe umgibt mich, umhülit mich und hülit mich ein.

**In Armut gibt es keine Tugend. Sie sind nicht hier, um an einem Ort wie einem Gefängnis oder einem bescheidenen Haus zu leben, um sich in alte und kaputte Kleidung zu kleiden oder um zu hungern. Sie sind hier, um das Leben in Fülle zu führen.
Tu was du liebst. Finde heraus, was du liebst und mache es dann.**

1 und 0,
Fülle und Mangel,
Wohlstand und Armut,
Menschen mit Armutsbewusstsein
Und Menschen mit Bewusstsein für
Reichtum
Sie müssen wählen, welches wählen Sie?

Früher oder später bekommt du die
ergebenesse oder Produkte von deinem
Unterbewusstsein.

Wenn du die Welt verändern will, zuerst verändere dich selbst.
Wenn Sie sich geändert haben, werden Ihre Welt (Kollege, Ehemann, Ehefrau, Nachbarn, ...) sich auch ändern.9
Alle Antworten und Lösungen sind in deinem Unterbewusstsein.
Ich werfe meine Probleme auf meinem Unterbewusstsein.
Zweifel und Angst vergiftet dein Unterbewusstsein beziehungsweise deinen Geist und Körper.
Sag zu deinem Unterbewusstsein:
Ich werfe dieses Problem auf meine infinit Intellengence in mir oder mein Unterbewusstsein oder Gott und ab jetzt bin ich frei.
Befreie deine Seele aus Ihrer Gefangenschaft mit gute Träume und Glauben.
Finde Kraft in deine Wörter beziehungsweise Unterbewusstsein. Sag den positiven Satz heute und schau wie Wunderbare Dinge Passiert heute für dich.

Geben Sie Ihrem Unterbewusstsein Bilder von Glück, Reichtum, Wünschen... all den guten Dingen.
Sie müssen so tun, als hätten Sie bereits erhalten.

Früher oder später begegnen Sie Ihren eigenen Kreationen Ihres Geistes in Ihrer Außenwelt.

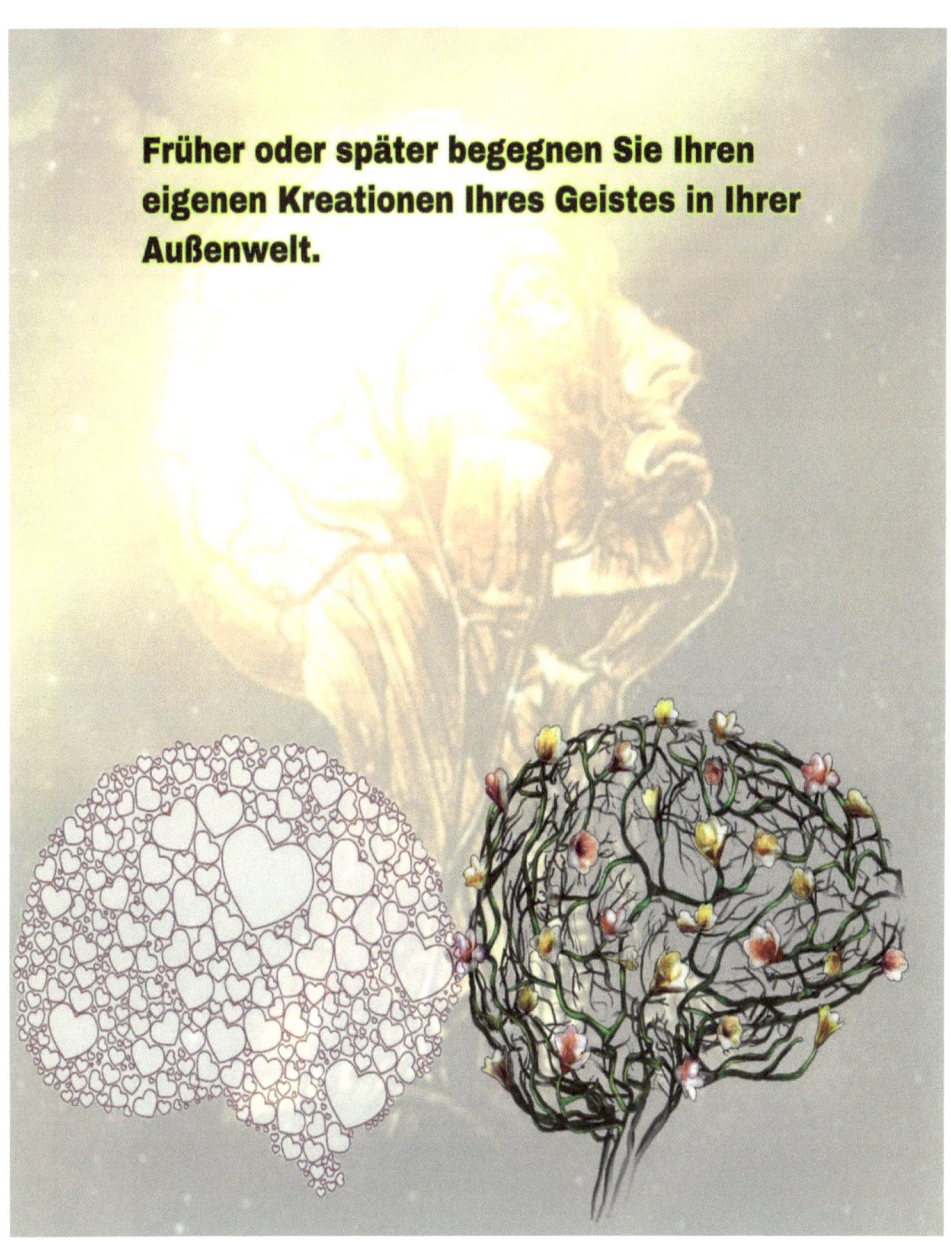

**Was immer Sie sich zutiefst gut oder schlecht fühlen, wird von Ihrem Unterbewusstsein dargestellt.
Wenn Sie Ihr Unterbewusstsein nicht selbst betreiben, wird es von jemandem für Sie ausgeführt.
Wenn Sie keine Träume machen, müssen Sie die Träume eines anderen machen.**

Hab keine Angst. Deine einzigen Feinde sind in dir.
Versuchen Sie, jedem Menschen guten Willen und Segen zu senden. Dann kann dir niemand schaden.
Liebe besiegt alle deine Feinde.
Wasser ist das stärkste Element, weil es absolut nicht beständig ist.
Der einzige Feind sind deine Ängste.

Sie haben das Recht, reich zu sein. Sie sind hier, um die Fülle zu führen. Geld ist nur ein Symbol. Sie haben das Recht, ein schönes Leben mit zu viel Geld und schön und luxuriös zu führen. Geld ist ein Symbol für Überfluss und absolut Geld ist nicht schlecht, besonders zu viel Geld.

Bevor Sie schlafen, sehen Sie sich Ihren reichen Traum an.

Verurteilen Sie kein Geld.

Sie müssen nicht hart arbeiten, um reich zu werden, aber Sie sollten Intelligenz arbeiten.

Du bist kein Sklave. Folgen Sie einfach Ihren Talenten und versuchen Sie, Ihren Job zu lieben oder Ihren Lieblingsjob zu finden.

Fordern Sie Wohlstand, Glück, Frieden, wahren Ausdruck, Liebe und strahlen Sie Liebe und guten Willen für alle aus.

In Armut gibt es keine Tugend. Sie sind nicht hier, um an einem Ort wie einem Gefängnis oder einem bescheidenen Haus zu leben, um sich in alte und kaputte Kleidung zu kleiden oder um zu hungern. Sie sind hier, um das Leben in Fülle zu führen.

Tu was du liebst. Finde heraus, was du liebst und mache es dann.

Versuchen Sie mit Ihren Worten Kontakt mit Ihrem Unterbewusstsein aufzunehmen und sagen Sie ihm Ihre Träume.

Ihre Zukunft liegt in Ihrem Unterbewusstsein.

All die Dinge arbeiten heute für mich zum Guten zusammen.

Dies ist heute ein neuer und wundervoller Tag für mich.

reine Liebe umgibt mich, umhüllt mich und hüllt mich ein.

1 und 0,

Fülle und Mangel,

Wohlstand und Armut,

Menschen mit Armutsbewusstsein

Und Menschen mit Bewusstsein für Reichtum

Sie müssen wählen, welches wählen Sie?

Früher oder später bekommt du die Ergebnisse oder Produkte von deinem Unterbewusstsein.

Wenn du die Welt verändern will, zuerst verändere dich selbst.

Wenn Sie sich geändert haben, werden Ihre Welt (Kollege, Ehemann, Ehefrau, Nachbarn, …) sich auch ändern.9

Alle Antworten und Lösungen sind in deinem Unterbewusstsein.

Ich werfe meine Probleme auf meinem Unterbewusstsein.

Zweifel und Angst vergiftet dein Unterbewusstsein beziehungsweise deinen Geist und Körper.

Sag zu deinem Unterbewusstsein:

Ich werfe dieses Problem auf meine infinit Intellingenze in mir oder mein Unterbewusstsein oder Gott und ab jetzt bin ich frei.

Befreie deine Seele aus Ihrer Gefangenschaft mit gute Träume und Glauben.

Finde Kraft in deine Wörter beziehungsweise Unterbewusstsein. Sag den positiven Satz heute und schau wie Wunderbare Dinge Passiert heute für dich.

Wir sind aus Energie und Energie stirbt nie.
Du verliest nie etwas, sondern du bekommst etwas gleiche oder Besseres.
Es kommt darauf an deine Energie Niveau beziehungsweise deine Gedanken und Glauben oder Unterbewusstsein.

Der Menschen begrenzt sich in seinen Forderungen. Reichtum ist eine Sache des Bewusstseins.
Sie können nicht glücklich sein, wenn Sie arm sind.
Die Person, die nicht reich sein will, ist ungewöhnlich, weil man ohne Geld oder Wohlstand unmoralisch lebt. Sie können nicht vollständig vom physischen Plan leben, ohne richtig zu sein. Essen bequem, Kleidung,... eigentlich ohne Wohlstand bist du ein Sklave.
Sie sollten beginnen, das mentale Bild Ihrer Träume in Ihrem Unterbewusstsein zu formen. Ihre Denkkraft mag Ihnen sagen, dass es niemals sein kann, aber das spielt keine Rolle.
Für die Vorstellungskraft ist nichts unmöglich zu erreichen.

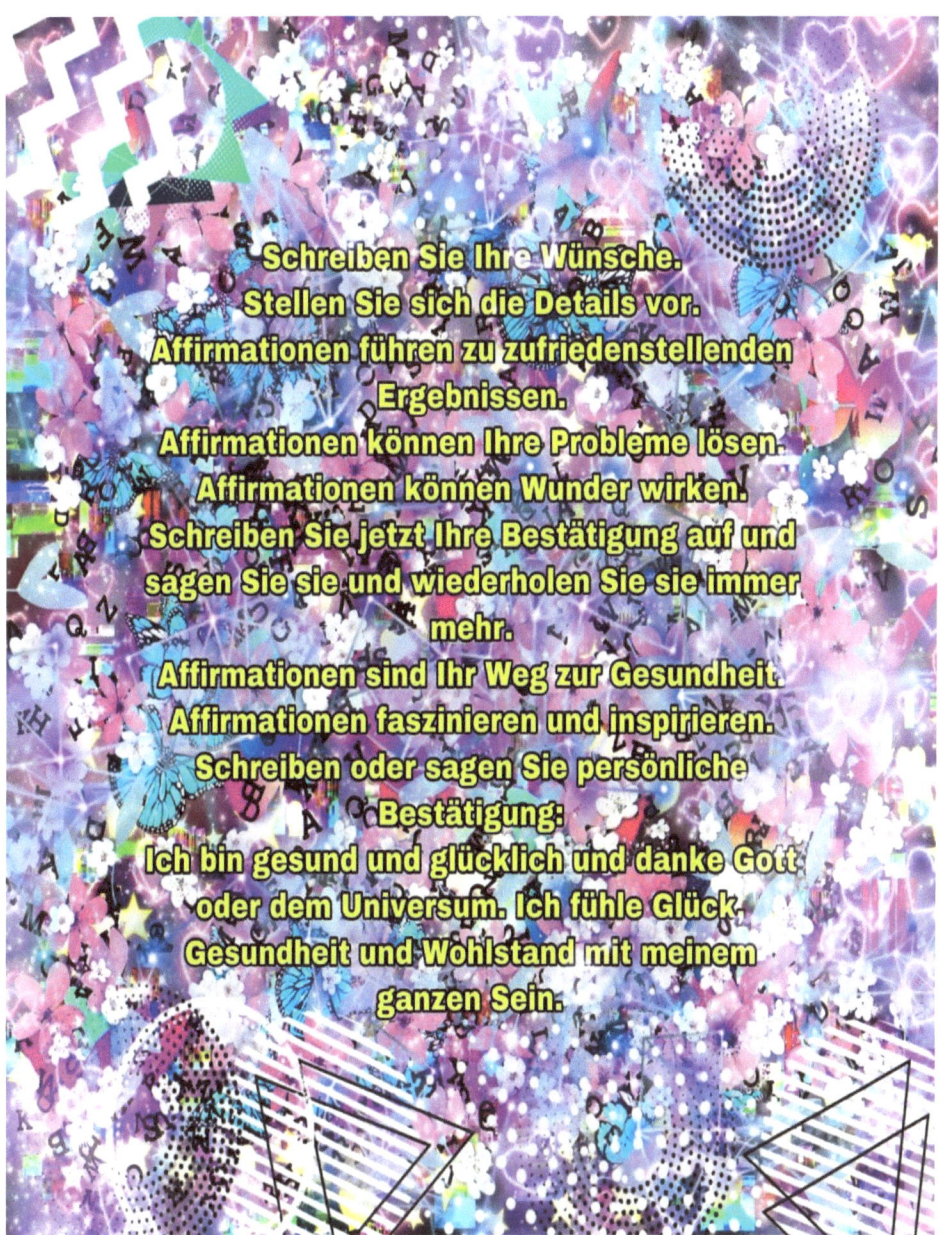

Schreiben Sie Ihre Wünsche.
Stellen Sie sich die Details vor.
Affirmationen führen zu zufriedenstellenden Ergebnissen.
Affirmationen können Ihre Probleme lösen.
Affirmationen können Wunder wirken.
Schreiben Sie jetzt Ihre Bestätigung auf und sagen Sie sie und wiederholen Sie sie immer mehr.
Affirmationen sind Ihr Weg zur Gesundheit.
Affirmationen faszinieren und inspirieren.
Schreiben oder sagen Sie persönliche Bestätigung:
Ich bin gesund und glücklich und danke Gott oder dem Universum. Ich fühle Glück, Gesundheit und Wohlstand mit meinem ganzen Sein.

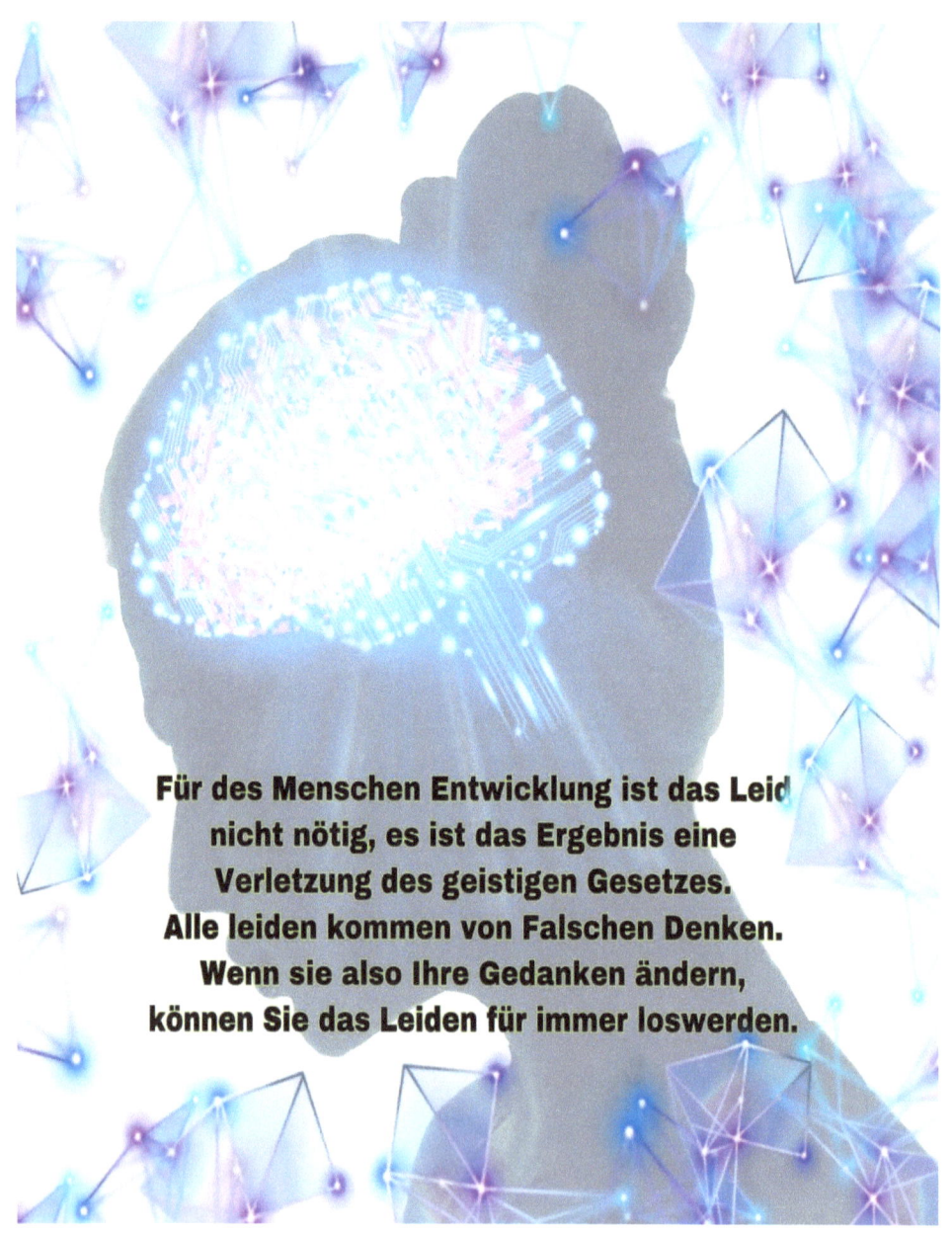

Für des Menschen Entwicklung ist das Leid nicht nötig, es ist das Ergebnis eine Verletzung des geistigen Gesetzes.
Alle leiden kommen von Falschen Denken.
Wenn sie also Ihre Gedanken ändern, können Sie das Leiden für immer loswerden.

Was du willst

Was Gott oder Universum für dich will

Bete nicht mit Enttäuschung und fliehen oder weinen, sondern bete sowie jetzt bekommst du dein Wille oder Dinge und stell dir vor, dass du jetzt deine Wünsche erfühlt und sag danke zu Gott oder Universum oder deine Unterbewusstsein dass du deine Wille bekommen kannst.

Im fünfte Dimension gibt es nur wahre liebe und du bekommst sofort was du willst.

Es gibt keine Grenze für dein Wachstum und Weisheit. Nun breche die ganze grenzen und Einschränkungen durch deine kraft und durch dein unbegrenztes Unterbewusstsein.

Die Welt ist mit volle Freude und Glück.
Es gibt keinen Ort auf der Welt, an dem kein Glück gibt.

Die Welt ist mit volle Freude und Glück.
E gibt keinen Ort auf der Welt, an dem e kein Glück gibt.

Wenn ein Ei von draußen wird gebrochen, wird ein Leben beendet aber, wenn innere Seide gebrochen wird, fängt ein neues Leben an.

Eine negativer und falsche Einstellung und Gedanken gibt euch nie gute und positives leben.

Ein positiver Gedanke sucht immer nach einem weg da die Dinge passieren und ganz im Gegenteil einen negativen Gedanken sucht immer nach einer Ausrede, dass die Dinge nicht passieren.

Genieße jede Sekunde des Lebens und lebe nicht in Illusionen.

Die Wünsche deines Herzens erfüllen sich heute auf unerwartete Art.

Wir sind aus Energie und Energie stirbt nie.

Du verliest nie etwas, sondern du bekommst etwas gleiche oder Besseres.

Es kommt darauf an deine Energie Niveau beziehungsweise deine Gedanken und Glauben oder Unterbewusstsein.

Der Menschen begrenzt sich in seinen Forderungen. Reichtum ist eine Sache des Bewusstseins.

Sie können nicht glücklich sein, wenn Sie arm sind.

Die Person, die nicht reich sein will, ist ungewöhnlich, weil man ohne Geld oder Wohlstand unmoralisch lebt. Sie können nicht vollständig vom physischen Plan leben, ohne richtig zu sein. Essen bequem, Kleidung,... eigentlich ohne Wohlstand bist du ein Sklave.

Sie sollten beginnen, das mentale Bild Ihrer Träume in Ihrem Unterbewusstsein zu formen. Ihre Denkkraft mag Ihnen sagen, dass es niemals sein kann, aber das spielt keine Rolle.

Für die Vorstellungskraft ist nichts unmöglich zu erreichen.

Unendliche Intelligenz (Gott oder die Kraft des Universums) ist verantwortlich für mein Leben. Ich bin jetzt offen, empfänglich und gehorsam gegenüber seiner reichen Unterweisung.

Alles und jeder gedeiht mir jetzt und ich gedeihe jetzt alles und jeder.

Schreiben Sie Ihre Wünsche.

Stellen Sie sich die Details vor.

Affirmationen führen zu zufriedenstellenden Ergebnissen.

Affirmationen können Ihre Probleme lösen.

Affirmationen können Wunder wirken.

Schreiben Sie jetzt Ihre Bestätigung auf und sagen Sie sie und wiederholen Sie sie immer mehr.

Affirmationen sind Ihr Weg zur Gesundheit.

Affirmationen faszinieren und inspirieren.

Schreiben oder sagen Sie persönliche Bestätigung:

Ich bin gesund und glücklich und danke Gott oder dem Universum. Ich fühle Glück, Gesundheit und Wohlstand mit meinem ganzen Sein.

Für des Menschen Entwicklung ist das Leid nicht nötig, es ist das Ergebnis eine Verletzung des geistigen Gesetzes.

Alle leiden kommen von Falschen Denken.

Wenn sie also Ihre Gedanken ändern, können Sie das Leiden für immer loswerden.

Was du willst (eine kleine Wohnung)

Was Gott oder Universum für dich will (ein Palast)

Bete nicht mit Enttäuschung und fliehen oder weinen, sondern bete sowie jetzt bekommst du dein Wille oder Dinge und stell dir vor, dass du jetzt deine Wünsche erfühlt und sag danke zu Gott oder Universum oder dein Unterbewusstsein, dass du deinen Willen bekommen kannst.

Fluchte nie von etwas, sondern stelle dich in deinen Gefühlen, Leben hat immer und jedes Moment eine wichtige Lektion für dich.

Wenn du denkst, dass du zu deiner Welt nicht gehörst. Das ist wahr, weil du da bist (auf der Welt), um deine eigene Welz aufzubauen (erschaffen).

Ich habe Gott mit den Augen von meinem Herz gesehen und habe ihm gesagt: Wer bist du?

Er antwortete: Du.

Innen vom jede von uns gibt es etwas, es hat keinen Namen und hat keine Adjektive. Finde das.

Fordere deine Überzeugungen(Glauben) heraus.

Überzeugungen oder Glauben ist ein Käfig, dass du von ihnen das diesem käfig die echte Welt anschauest.

Lass Licht von Universum in dir strahlen.

Wähle die Leute als Freunde, die dir nach Wachstum und Harmonie und Licht ziehen, die Leute die haben gleiche Ziel sowie du und die Leute die alle Grenzen und Strukturen für dich brechen können.

Wenn du willst wirklich frei zu sein zuerst mach deine Gedanken frei.

Jeder Gedanke hat eigene und spezielle Frequenz und Gravitation.

Wenn du an etwas besonders denkst, schickt sofort dein Unterbewusstsein die Frequenz von deinem Gedanken zu gesamte Universum und früher oder später bekommst dir die ergebenes vom diese Gravitation.

In einfache Sprache was du glaubst oder denkst wird dein Schicksal oder dein wahres Leben.

Jeden Menschen, die in deinem Leben reinkommt, ist aufgrund deine Gedanken Frequenz.

Das bedeutet wurden die Menschen zuerst in deinem Gedanken erstellt und danach in dein wahres Leben.

Wenn du lernst wie kannst du alleine Glücklich sein dann die Anwesenheit anderer ist eine Wahl oder Möglichkeit und es ist nicht notwendig.

Sei ohne Grund oder etwas besonders Glücklich.

Sei auch mit kleine Dinge Glücklich sowie ein Kind.

Wenn du aufgrund etwas besonders Glücklich bist, hast du Probleme, weil diesem Grunde kann dir genommen werden.

Hör zu Universum. Er schickt immer die Nachrichten in Form von Manschens, Worts, Nummer, Tiers oder Music und inspiriert etwas besonders für dich.

Finde deine Wahre Wünsche und Träume und folge die und versuch deine Träume verwirklichen. Wenn du nicht deine Träume verwirklichen willst, musst du die Träume von anderen Menschen verwirklichen.

**Die erfolgreichen Menschen bauen von jeder Niederlage eine Treppe zu Erfolg.
Die Erfolglose Menschen bauen vom Ihre Niederlagen eine schwere Ladung zu fallen.**

Die erfolgreichen Menschen bauen von jeder Niederlage eine Treppe zu Erfolg.
Die Erfolglose Menschen bauen vom Ihre Niederlagen eine schwere Ladung zu fallen.

Dein Leben ist eine Reflektion von deinem Gedanken dann mach dein Unterbewusstsein oder deine Gedanken eine schöne platzt.

Wenn du denkst, dass du zu deiner Welt nicht gehörst. Das ist wahr, weil du da bist (auf der Welt), um deine eigene Welz aufzubauen (erschaffen).

Innen vom jede von uns gibt es etwas, es hat keinen Namen und hat keine Adjektive.
Finde das.
Fordere deine Überzeugungen(Glauben) heraus.
Überzeugungen oder Glauben ist ein Käfig, dass du von ihnen das diesem käfig die echte Welt anschauest.
Lass Licht von Universum in dir strahlen.

Wähle die Leute als Freunde, die dir nach Wachstum und Harmonie und Licht ziehen, die Leute die haben gleiche Ziel sowie du und die Leute die alle Grenzen und Strukturen für dich brechen können.

Wenn du willst wirklich frei zu sein zuerst mach deine Gedanken frei.
Jeder Gedanke hat eigene und spezielle Frequenz und Gravitation.
Wenn du an etwas besonders denkst, schickt sofort dein Unterbewusstsein die Frequenz von deinem Gedanken zu gesamte Universum und früher oder später bekommst dir die ergebenes vom diese Gravitation.
In einfache Sprache was du glaubst oder denkst wird dein Schicksal oder dein wahres Leben.

Wenn du lernst wie kannst du alleine Glücklich sein dann die Anwesenheit anderer ist eine Wahl oder Möglichkeit und es ist nicht notwendig.
Sei ohne Grund oder etwas besonders Glücklich.
Sei auch mit kleine Dinge Glücklich sowie ein Kind.

Wenn du aufgrund etwas besonders Glücklich bist, hast du Probleme, weil diesem Grunde kann dir genommen werden.

Finde deine Wahre Wünsche und Träume und folge die und versuch deine Träume verwirklichen. Wenn du nicht deine Träume verwirklichen willst, musst du die Träume von anderen Menschen verwirklichen.

Wenn du aufgrund etwas besonders Glücklich bist, hast du Probleme, weil diesem Grunde kann dir genommen werden.

Für die Kinder gibt es keine richtig oder falsch. sie folgen nur ihre Inspiration und Unterbewusstsein. Sie kennen keine Worte als falsch. Sei wie ein Kind, egal wie alt bist du. Die Kinder leben nur in jetzt , nicht im Vergangenheit und nicht in Zukunft.

Mach deinem Kopf frei von alle Gedanken und Argumente oder was die Anderen Sagen damit du die Stimme von deinem Herz oder Wahre dich hören kannst.

Lebe im fünfte Dimension. Im fünfte Dimension gibt es keine Angst, Wut, Hass, Feindschaft, Sünde, leid, und alle negative menschlichen Sachen.

Wenn deine Gedanken beziehungsweise deine Frequenz parallel mit Frequenz von fünfte Dimension sind, bist du gleichzeitig im fünfte Dimension.

Für die Kinder gibt es keine richtig oder falsch. sie folgen nur ihre Inspiration und Unterbewusstsein. Sie kennen keine Worte als falsch. Sei wie ein Kind, egal wie alt bist du. Die Kinder leben nur in jetzt, nicht im Vergangenheit und nicht in Zukunft.

Mach deinem Kopf frei von alle Gedanken und Argumente oder was die Anderen Sagen damit du die Stimme von deinem Herz oder Wahre dich hören kannst.

Vergleiche dich nicht mit dem Anderen. Sei die beste Version von dir selbst. (Ein Pinguin ist nicht mit einem Kamel vergleichbar)

Wenn du eine helle Welt willst, strahle das Licht von dir selbst. es gibt keine finsteres oder Dunkelheit, sondern es gibt Mangel von licht oder Sonnenstrahlen.

Lebe im fünfte Dimension. Im fünfte Dimension gibt es keine Angst, Wut, Hass, Feindschaft, Sünde, leid, und alle negative menschlichen Sachen.

Wenn deine Gedanken beziehungsweise deine Frequenz parallel mit Frequenz von fünfte Dimension sind, bist du gleichzeitig im fünfte Dimension.

Im fünfte Dimension gibt es nur wahre liebe und du bekommst sofort was du willst.

Die Menschen sind alle eine gleiche Kreatur. Nur falsche Diagnose und falsche Glauben und furchten trennen die Menschen aus einander.

Es gibt keine Grenze für dein Wachstum und Weisheit. Nun breche die ganze grenzen und Einschränkungen durch deine kraft und durch dein unbegrenztes Unterbewusstsein.

Du kannst alles erreichen und all deine Träume verwirklichen und deine Wünsche erfühlen nur, wenn du mit deinem Unterbewusstsein und deine wahre dich kontaktieren kannst.

Die Welt ist mit volle Freude und Glück.

E gibt keinen Ort auf der Welt, an dem e kein Glück gibt.

Lass das glück auf deinem Leben fließen.

Du bist Schriftsteller von Geschichte deines Lebens. Also schreib heute die besten für dich.

Eine negativer und falsche Einstellung und Gedanken gibt euch nie gute und positives leben.

Wenn ein Ei von draußen wird gebrochen, wird ein Leben beendet aber, wenn innere Seide gebrochen wird, fängt ein neues Leben an.

Ein positiver Gedanke sucht immer nach einem weg da die Dinge passieren und ganz im Gegenteil einen negativen Gedanken sucht immer nach einer Ausrede, dass die Dinge nicht passieren.

Die negativen Leute haben immer Angst vor Veränderungen.

Die positiven Leute suchen immer nach neue Erlebnisse.

Das Universum basiert auf Ordnung und nicht auf Anarchie.

Wenn du erfolgreich sein willst, räume erst deine Wohnung oder Büro ein.

Die erfolgreichen Menschen bauen von jeder Niederlage eine Treppe zu Erfolg.

Die Erfolglose Menschen bauen vom Ihre Niederlagen eine schwere Ladung zu fallen.

Dein Leben ist eine Reflektion von deinem Gedanken dann mach dein Unterbewusstsein oder deine Gedanken eine schöne platzt.

Im Schach ist es egal da du ein Bauer bist, wirst du bald einen starken Damm, nur, wenn du an dich glaubst und weitergehst.

Wenn Sie Ihre Zukunft vorhersagen, sehen Sie, mit wem Sie befreundet sind.

Priorisieren Sie zuerst alle unvollständigen Projekte und beenden Sie sie dann.

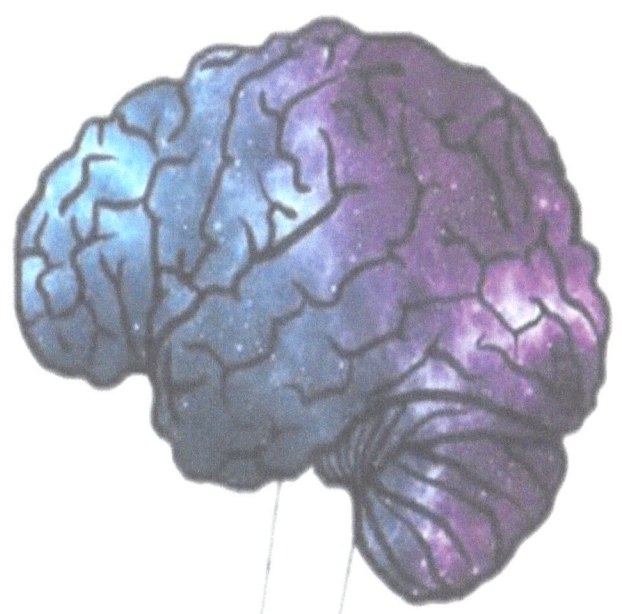

Ihre größten Krieg ist einen internen Krieg, keine externe.

Der Geist eines Millionärs denkt an Fülle und der Geist von einen armen Menschen denkt an Mangel.

Es gibt kein Scheitern, aber scheitern bedeutet Wachstum und Entwicklung zum Erfolg.
Nur nicht zu tun bedeutet versagen oder Niederlage.

Der Verstand eines Millionärs glaubt, dass er mit einem Gedanken und Ideen Fakten ändern kann und im Gegenteil, der arme Verstand betrachtet sich als Opfer der Tatsachen.

Was auch immer aus deinem Geist in das Universum exportiert wird, wirst du das selbe erhalten. Wenn Sie der Welt liebe geben, erhalten Sie liebe und wenn Sie hassen, erhalten Sie Hass.

Misserfolg ist nicht das Gegenteil von Erfolg, sondern eine Phase des Erfolgs.
Misserfolg oder Fehler sind ein Zeichen Ihrer Anstrengung und kein Zeichen von Schwäche.
Misserfolg ist nur, wenn Sie es nicht erneut versuchen.

Sie können nicht in die Vergangenheit zurückkehren und Ihre Fehlers korrigieren, aber Sie können wieder von vorne anfangen und die Zukunft verändern.

Denken Sie nur ein paar Minuten am Tag über Ihre Ziele nach und geben Sie Ihr Unterbewusstsein eine klare und greifbare Bild. Die Anziehungskraft bringt Sie zu Ihrem Zielen.

Alle meinen Kollegen sind gute, freundliche und ehrenwerte Menschen. Und jeden Menschen perfektioniert und verbessert mein Leben und meine Entwicklung Prozess.

Beginne doch heute mit Dankbarkeit. Wenn du dankbar bist, werden die unzähligen Segnungen des Universums von dir angezogen.

Anstrengung und Hoffnung sind wertvoller als Talent.

Sind Sie bereits, Ihre Missverständnisse oder falsche Glauben heute loszulassen, um erfolgreich zu sein?
Zum Beispiel werden Sie niemals reich, solange Sie denken, dass es moralisch schlecht ist, reich zu werden. Oder solange Sie glauben, dass jeder reiche Person sein Vermögen unbedingt durch illegitime mittel erlangt hat, werden Sie niemals reich.

Der Ausgangspunkt für Erfolg oder Glück ist eine Änderung Ihre Überzeugungen.

Fang an, anstatt zu frustrieren und zu stöhnen.

Wenn Sie auf eine Aufgabe konzentrieren, werden Sie Stärker.

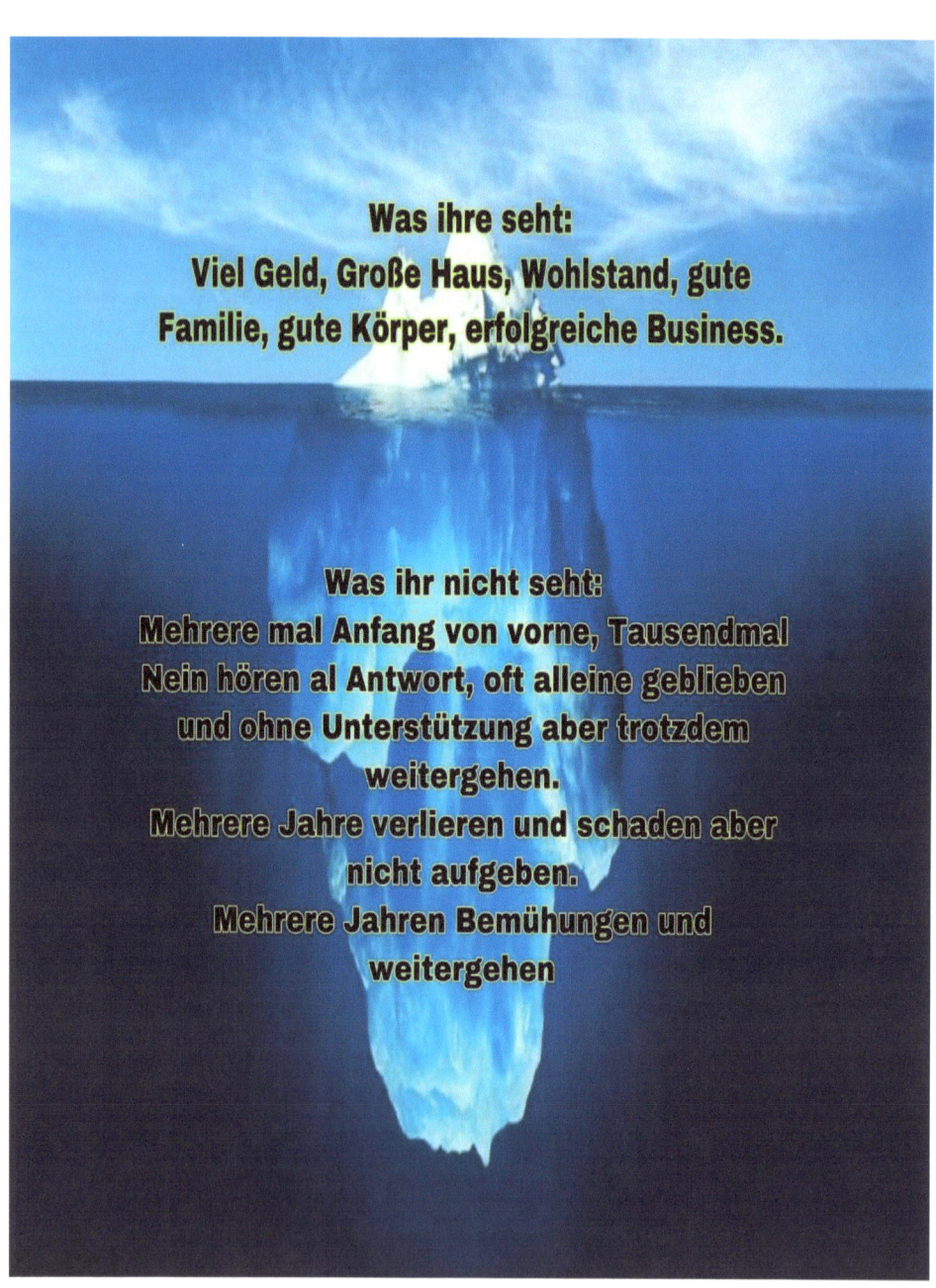

Erfolg ist wie ein Eisberg, der auf dem Wasser schwimmt.

Was ihre seht:

Viel Geld, Große Haus, Wohlstand, gute Familie, gute Körper, erfolgreiche Business.

Was ihr nicht seht:

Mehrere mal Anfang von vorne, Tausendmal Nein hören al Antwort, oft alleine geblieben und ohne Unterstützung aber trotzdem weitergehen.

Mehrere Jahre verlieren und schaden aber nicht aufgeben.

Mehrere Jahren Bemühungen und weitergehen.

Heute ist dein Tag der Wunder und Erfolg.

Alle meinen Kollegen sind gute, freundliche und ehrenwerte Menschen. Und jeden Menschen perfektioniert und verbessert mein Leben und meine Entwicklung Prozess.

Ich gebe meines Fehlers heute zu weil ich verdient habe, Fortschritte zu machen und besser zu werden.

Beginne doch heute mit Dankbarkeit.

Wenn du dankbar bist, werden die unzähligen Segnungen des Universums von dir angezogen.

Einen neuen Tag zu beginnen bedeutet wieder eine Gelegenheit zu haben. Also wiederhole dir, heute werden meine großen wünsche erfühlt.

Nichts auf dieser Welt ist zufällig.

Ihr heutiges Leben ist das Ergebnis Ihrer Vergangen Gedanken. Wenn Sie also möchten, dass sich Ihre Welt ändern, ändern Sie jetzt Ihre Gedanken.

Anstrengung und Hoffnung sind wertvoller als Talent.

Intelligenz ist wertvoller als Anstrengung und Talent.

Der Ausgangspunkt für Erfolg oder Glück ist eine Änderung Ihre Überzeugungen.

Sind Sie bereits, Ihre Missverständnisse oder falsche Glauben heute loszulassen, um erfolgreich zu sein?

Zum Beispiel werden Sie niemals reich, solange Sie denken, dass es moralisch schlecht ist, reich zu werden. Oder solange Sie glauben, dass jeder reiche Person sein Vermögen unbedingt durch illegitime mittel erlangt hat, werden Sie niemals reich.

Fang an, anstatt zu frustrieren und zu stöhnen.

Wenn Sie Ihre Zukunft vorhersagen, sehen Sie, mit wem Sie befreundet sind.

Wenn Sie auf eine Aufgabe konzentrieren, werden Sie Stärker.

Priorisieren Sie zuerst alle unvollständigen Projekte und beenden Sie sie dann.

Ihr größter Krieg ist einen internen Krieg, keine externe.

Es gibt kein Scheitern, aber scheitern bedeutet Wachstum und Entwicklung zum Erfolg.

Nur nicht zu tun bedeutet versagen oder Niederlage.

Der Geist eines Millionärs denkt an Fülle und der Geist von einen armen Menschen denkt an Mangel.

Der Verstand eines Millionärs glaubt, dass er mit einem Gedanken und Ideen Fakten ändern kann und im Gegenteil, der arme Verstand betrachtet sich als Opfer der Tatsachen.

Was auch immer aus deinem Geist in das Universum exportiert wird, wirst du das selbe erhalten. Wenn Sie der Welt liebe geben, erhalten Sie liebe und wenn Sie hassen, erhalten Sie Hass.

Sie können nicht in die Vergangenheit zurückkehren und Ihre Fehlers korrigieren, aber Sie können wieder von vorne anfangen und die Zukunft verändern.

Misserfolg ist nicht das Gegenteil von Erfolg, sondern eine Phase des Erfolgs.

Misserfolg oder Fehler sind ein Zeichen Ihrer Anstrengung und kein Zeichen von Schwäche.

Misserfolg ist nur, wenn Sie es nicht erneut versuchen.

Denken Sie nur ein paar Minuten am Tag über Ihre Ziele nach und geben Sie Ihr Unterbewusstsein eine klare und greifbare Bild. Die Anziehungskraft bringt Sie zu Ihrem Zielen.

Vergib dir und anderen. Erstellen Sie kein Lagerhaus mit negativen Erinnerungen in Ihrem Gehirn.

Verwenden Sie entweder positive Worte oder bleiben Sie still, auch wenn Sie mit Ihnen selbst sprechen.

Du bist das wichtigste Projekt im Universum.

Das Universum basiert auf dem Prinzip der Evolution und des Lebens, nicht auf Existenz und Zerstörung. Wenn Ihre Körper beispielsweise verletzt ist, heilt Ihr Körper automatsch die Wunde.

Denken Sie heute statt an Angst und negative Gedanken an Evolution, Erfolg und Reichtum.

Du verdienst die beste.

Alle Positive Energien des Universums fließt jetzt zu dir.

Das Universum segnet jetzt mein Leben und mein Reichtum wächst von Moment zu Moment.

Ich bin wertvoll. Ich bin gesund. Die besten Möglichkeiten, Ereignisse und unerwarteten Freuden passieren mir heute.

Ich wünsche allen Menschen auf der Welt und dem gesamten Universum Glück.

Ich liebe mich und meines Lebens.

Wenn sie Hunderte von Stunden Schwimmen Trainings Videos ansehen, werden Sie kein Schwimmer, sondern müssen Sie ins Wasser springen und losgehen.

Wenn sie Hunderte von Stunden Schwimmen Trainings Videos ansehen, werden Sie kein Schwimmer, sondern müssen Sie ins Wasser springen und losgehen.

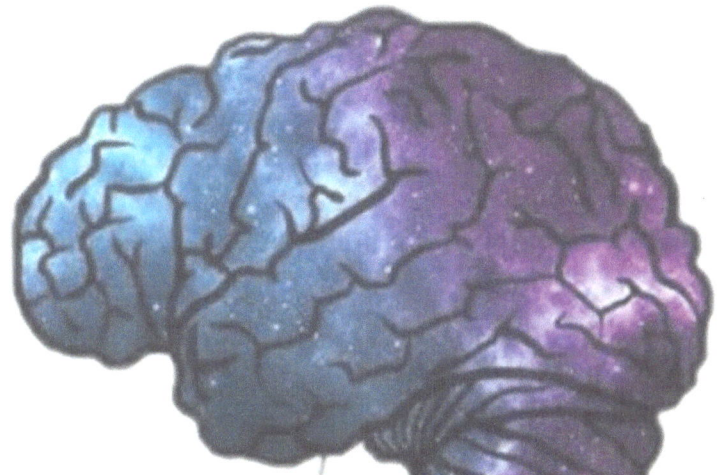

Vergib dir und anderen. Erstellen Sie kein Lagerhaus mit negativen Erinnerungen in Ihrem Gehirn.

Das Universum basiert auf dem Prinzip der Evolution und des Lebens, nicht auf Existenz und Zerstörung. Wenn Ihre Körper beispielsweise verletzt ist, heilt Ihr Körper automatsch die Wunde.

Denken Sie heute statt an Angst und negative Gedanken an Evolution, Erfolg und Reichtum.
Du verdienst die beste.
Alle Positive Energien des Universums fließt jetzt zu dir.
Das Universum segnet jetzt mein Leben und mein Reichtum wächst von Moment zu Moment.
Ich bin wertvoll. Ich bin gesund. Die besten Möglichkeiten, Ereignisse und unerwarteten Freuden passieren mir heute.
Ich wünsche allen Menschen auf der Welt und dem gesamten Universum Glück.
Ich liebe mich und meines Lebens.

Diejenigen, die nicht an Ihrem Glauben zweifeln wollen, sind Fanatiker und diejenigen, die nicht können, sind Dummköpfe und diejenigen, die Angst haben, sind Sklaven.

Es sind nur Ihre Entscheidungen, die Ihre Leben bestimmen, und Ihre wichtigste Entscheidung ist es, Ihre Bemühungen fortzusetzen.

Heute ist der Tag meines Wunders und Glücks.

Heute ist der Tag meines Wunders und Glücks.

Menschen, die versuchen, dich zu demütigen, denken immer, dass sie dir unterlegen sind.

Wenn Sie eine Million Gründe haben, nach unten zu gehen, denken Sie nur an einen Grund, nach oben zu gehen.

Wenn Sie das Ihr Unterbewusstsein nicht selbst planen, wird es sicherlich von andrer Person für ihren Zweck geplant.

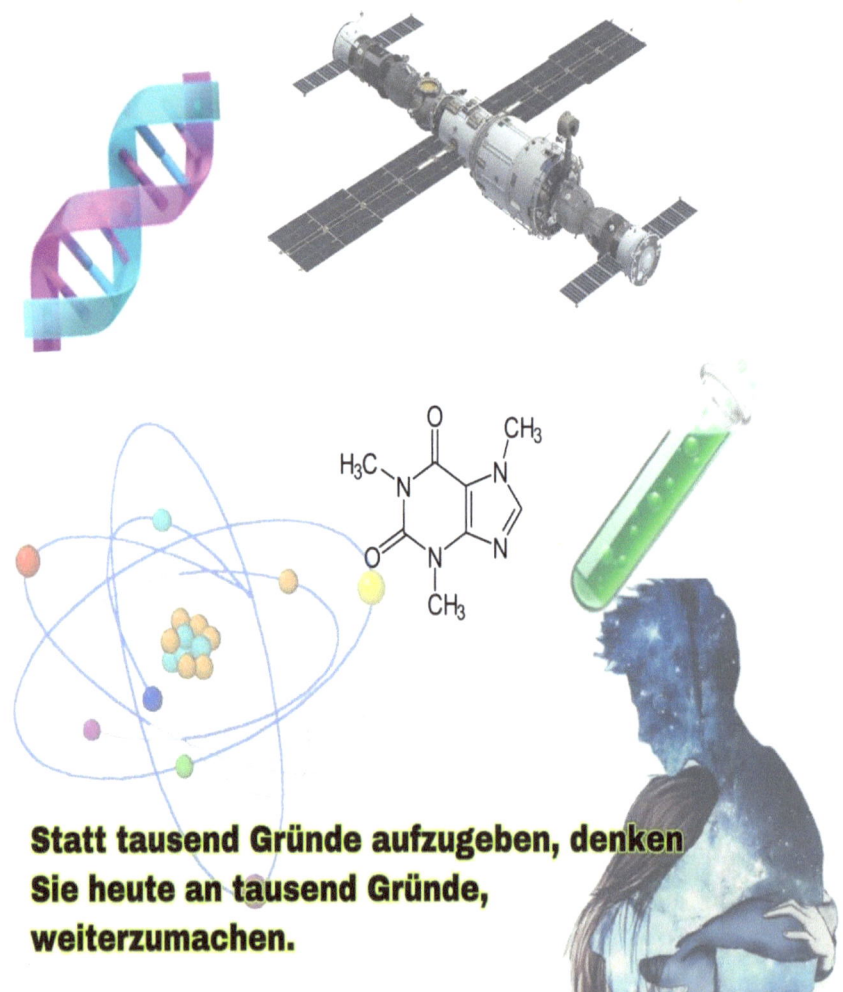

Statt tausend Gründe aufzugeben, denken Sie heute an tausend Gründe, weiterzumachen.

Lebe für dich und dein eigenes Glück, nicht für das Urteil anderer.

Seien sie nicht eifersüchtig auf jemanden und konkurrieren Sie nicht mit jemanden, sondern versuchen Sie, Ihre beste Version zu werden.

Gib alle deine Überzeugungen ein für alle Mal auf und werde wiedergeboren. Folge keiner Gesetze außer der Liebe.

Diejenigen, die nicht an Ihrem Glauben zweifeln wollen, sind Fanatiker und diejenigen, die nicht können, sind Dummköpfe und diejenigen, die Angst haben, sind Sklaven.

Es sind nur Ihre Entscheidungen, die Ihre Leben bestimmen, und Ihre wichtigste Entscheidung ist es, Ihre Bemühungen fortzusetzen.

Ihr Glück hängt nur von der Qualität Ihre Gedanken ab.

Zweifle niemals an deinem Zielen. Große Projekte Stößen häufig auf wiederstand.

Heute ist der Tag meines Wunders und Glücks.

Geld, ein Gutes Haus, Glück und alle gute Dinge sind Ihre unveräußerlichen Rechte.

Menschen, die versuchen, dich zu demütigen, denken immer, dass sie dir unterlegen sind.

Wenn Sie eine Million Gründe haben, nach unten zu gehen, denken Sie nur an einen Grund, nach oben zu gehen.

Statt tausend Gründe aufzugeben, denken Sie heute an tausend Gründe, weiterzumachen.

Wenn Sie das Ihr Unterbewusstsein nicht selbst planen, wird es sicherlich von andrer Person für ihren Zweck geplant.

Lebe für dich und dein eigenes Glück, nicht für das Urteil anderer.

Seien sie nicht eifersüchtig auf jemanden und konkurrieren Sie nicht mit jemanden, sondern versuchen Sie, Ihre beste Version zu werden.

Lass nicht als Liebe in deinem Herzen. Seien Sie versichert, dass das was Ihnen gehört, bald zu Ihnen zurückkehren wird. Oder das Universum gibt Ihnen gleiche Dinge oder etwas besser.

Allein auf dem richtigen Weg zu bleiben ist besser, als sich mit einer großen Bevölkerung in die falsche Richtung zu bewegen.

Jeden Menschen und Jedes Ereignis ist Teil Ihres spirituellen Wachstumes und ihre Spirituellen Entwicklung.

Fragen Sie sich, bevor Sie sprechen: Ist es wahr? Muss man drüber reden? Sind diese Worte in Harmonie mit liebe?

Wenn alles um dich herum dunkel aussieht, schau noch einmal. Sie können ein Licht im Dunkeln sein.

Der Planet Erde braucht keine erfolgreichen Menschen. Dieser Planet braucht dringend Menschen, die Frieden wollen, Heiler, Geschichtenerzähler, offenbar und Liebhaber alle Art.

Befreie dich von früherem Missverständnissen oder Fehlern, damit du kein Sklave mehr bist.

Dankbarkeit ist die reinste Schwingung, die positive Energie absorbiert.

Wunder geschehen.

Verlassen sie die Matrix heute einmal für alle Mal. Dazu müssen alle Ihre Überzeugungen auf der Grundlage Ihres eigenen Denkens und Ihrer Analyse der Realität rekonstruiert werden.

Was sie suchen, sucht Sie. Je mehr auf Ihr Unterbewusstsein abgestimmt ist, desto magischer wird Ihr Leben.

Atmen Sie tief ein und meditieren Sie heute ein paar Minuten. Seien sie glücklich und dankbar. Essen sie gesund trinken Sie genug Wasser und gehen Sie in die Natur und seien Sie fleißig und hören Sie gute Musik. Ja dies erhöht Ihr Energie Niveau und Ihre Frequenz.

Alle Menschen und Ereignisse in deinem Leben sind eine Reflektion von Ihre Gedanken beziehungsweise Ihr Unterbewusstsein. Wenn Sie dieses Gesetz verstehen, werden Sie niemals versuchen, andre Menschen zu korrigieren.

Korrigieren Sie sich stattdessen.

Wenn Sie sich auf kleine Dinge konzentrieren, wachsen sie. Wenn sie sich jedoch auf sich selbst und Ihr wahres Selbst konzentrieren, werden Sie wachsen. Erlaube dir zu wachsen.

Die alle Welt geht zu ende. Eine neue Erde wird gebildet. Folge dem Licht. Komplizieren Sie die Sache nicht. Zeigen Sie keine extremen Reaktionen. Lassen Sie nicht zu, dass sich Menschen und Ihre Umstände einmischen.

Dein Geist ist wie ein Magnet. Wenn Sie an Segen denken, nehmen Sie Segen auf, und wenn Sie an Probleme denken, nehmen Sie Probleme auf. Also lass negative Gedanken aus deinem Kopf und seien sie immer optimistisch.

Die Nature ist nicht etwas, das von dir getrennt ist, aber du bist auch ein Teil der Natur. Bleiben Sie in Kontakt mit der Nature.

Entleere dein Herz von Ressentiments und Traurigkeit und ersetze es durch göttliches Licht oder Liebe. Dann betriffst du eine neue Bewusststufe.

Liebe dich heute und werde Menschen, Ernährung, Bedingungen und alles, was dich stört, los.

Ein wahrer Freund ermutigt dich, zu Schönheit und Liebe zu geben und er bringt dich ins Bewusstsein.

Du bist physisch auf der Erde und mental in Galaxien und mental in alle Dimensionen.

Das wirkliche Leben ist nicht nur ein versuch zu überleben, sondern das wirkliche Leben ist ein Leben mit Liebe, Glück und Freiheit.

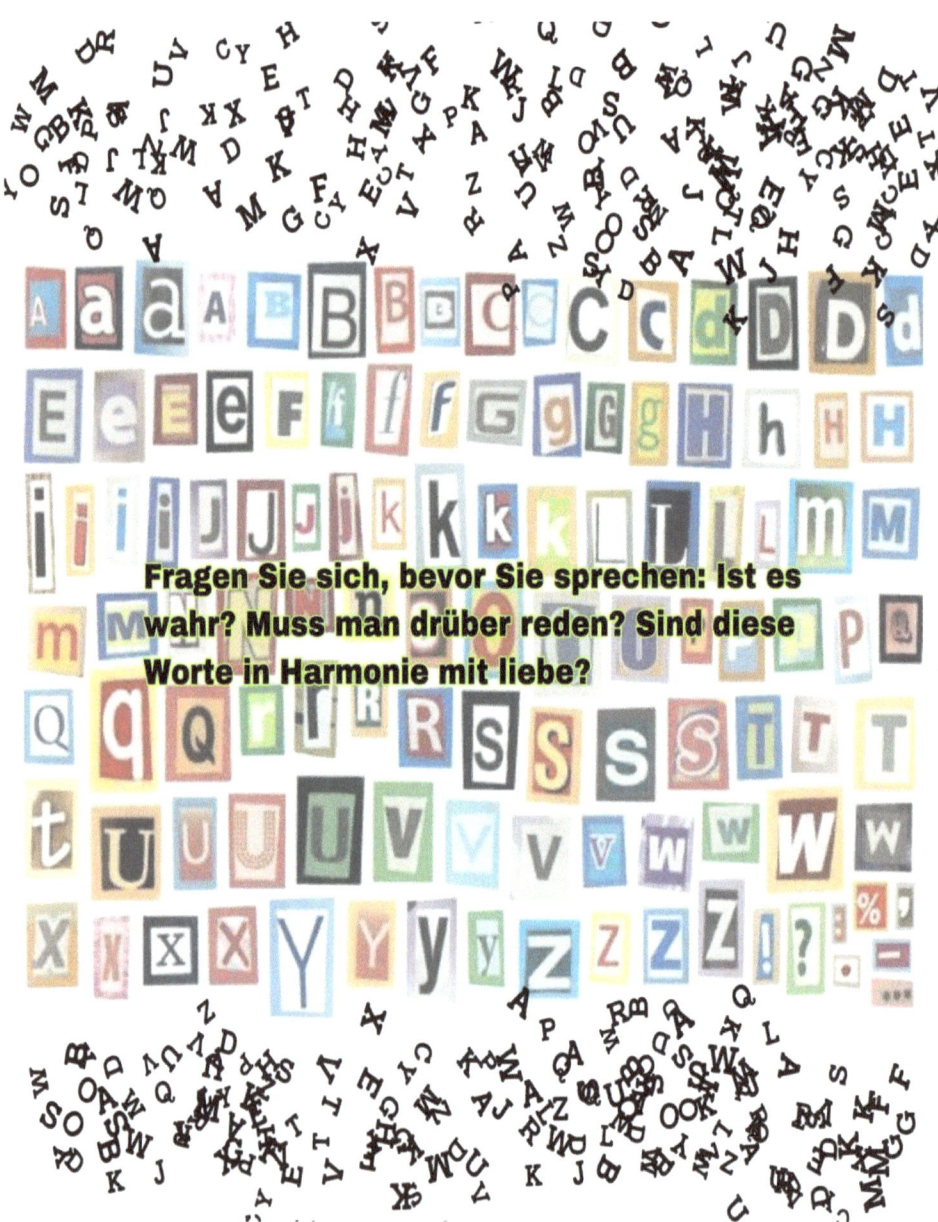

Fragen Sie sich, bevor Sie sprechen: Ist es wahr? Muss man drüber reden? Sind diese Worte in Harmonie mit liebe?

Der Planet Erde braucht keine erfolgreichen Menschen. Dieser Planet braucht dringend Menschen, die Frieden wollen, Heiler, Geschichtenerzähler, offenbar und Liebhaber alle Art.

Befreie dich von früherem Missverständnissen oder Fehlern, damit du kein Sklave mehr bist.

Verlassen sie die Matrixleben heute einmal für alle Mal. Dazu müssen alle Ihre Überzeugungen auf der Grundlage Ihres eigenen Denkens und Ihrer Analyse der Realität rekonstruiert werden.

Alle Menschen und Ereignisse in deinem Leben sind eine Reflektion von Ihre Gedanken beziehungsweise Ihr Unterbewusstsein. Wenn Sie dieses Gesetz verstehen, werden Sie niemals versuchen, andre Menschen zu korrigieren. Korrigieren Sie sich stattdessen.

Was sie suchen, sucht Sie. Je mehr auf Ihr Unterbewusstsein abgestimmt ist, desto magischer wird Ihr Leben.

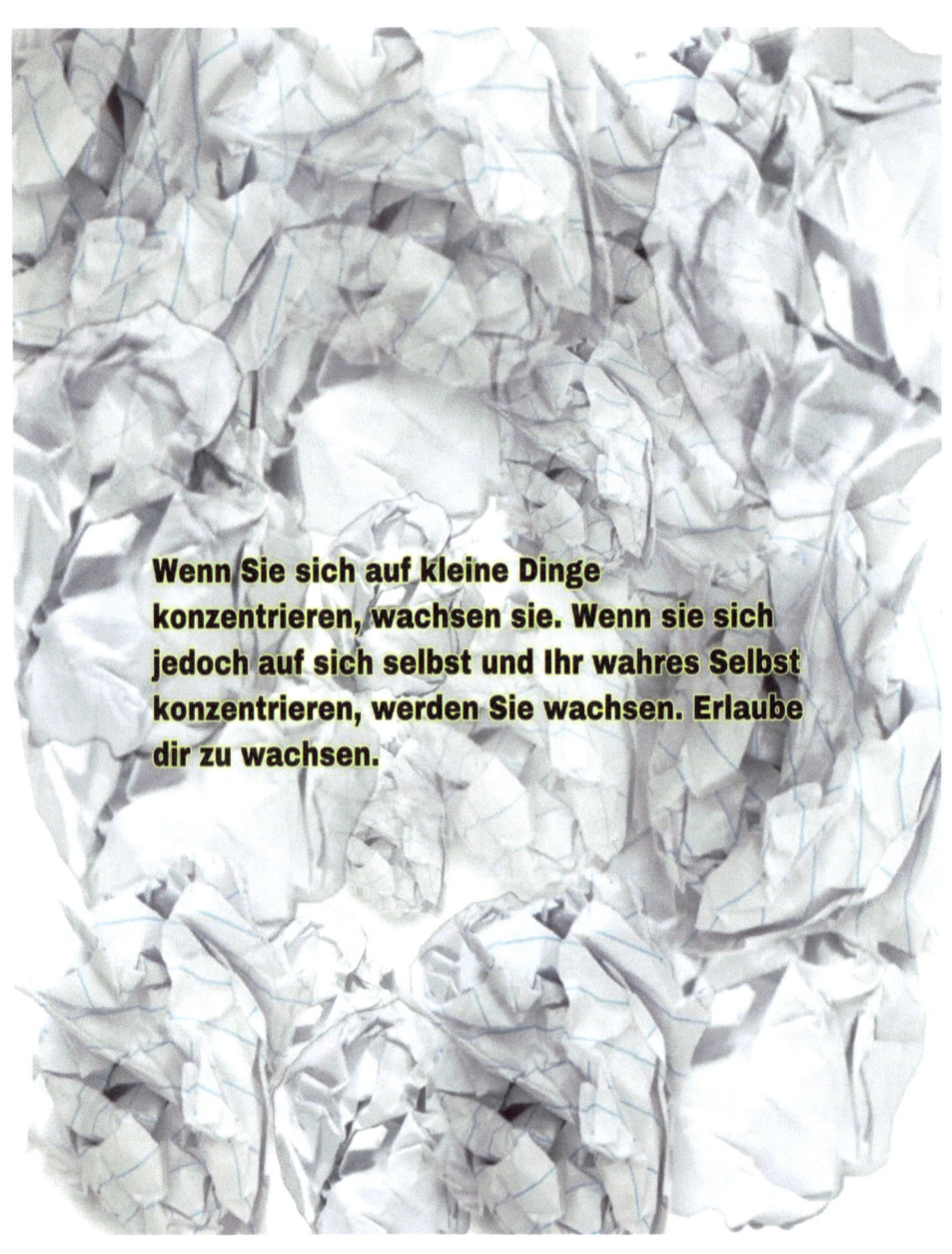

Wenn Sie sich auf kleine Dinge konzentrieren, wachsen sie. Wenn sie sich jedoch auf sich selbst und Ihr wahres Selbst konzentrieren, werden Sie wachsen. Erlaube dir zu wachsen.

Dein Geist ist wie ein Magnet. Wenn Sie an Segen denken, nehmen Sie Segen auf, und wenn Sie an Probleme denken, nehmen Sie Probleme auf. Also lass negative Gedanken aus deinem Kopf und seien sie immer optimistisch

Entleere dein Herz von Ressentiments und Traurigkeit und ersetze es durch göttliches Licht oder Liebe. Dann betriffst du eine neue Bewusst stufe.

Liebe dich heute und werde Menschen, Ernährung, Bedingungen und alles, was dich stört, los.

Do not
let attitude of
others
destroy your inner
peace

Liebe dich heute und werde Menschen, Ernährung, Bedingungen und alles, was dich stört, los.

Liebe dich heute und werde Menschen, Ernährung, Bedingungen und alles, was dich stört, los.

Das wirkliche Leben ist nicht nur ein versuch zu überleben, sondern das wirkliche Leben ist ein Leben mit Liebe, Glück und Freiheit.

Der Tag wird kommen, an dem keine der Ängste, die Sie über die Zukunft haben, und die Pläne, die Sie für die Zukunft haben, von Bedeutung sind, und das einzige, was zählt, ist wie Sie gelebt haben.

Deine Gedanken können das gesamte Universum verändern.

Hass hört nicht mit Hass auf, sondern endet mit Liebe, und dies ist ein ewiges Prinzip.

Der weise ist durch still und der unwissende durch seine Beredsamkeit bekannt.

Die Farben verblassen. Die Tempel brechen zusammen. Reiche fallen. Aber Güte ist ewig.

Himmel und Hölle werden nur vom Menschlichen Verstand gemacht. Jeder Ort kann sich je nach Ihren Gedanken oder gut oder schlecht in Himmel oder Hölle verwandeln.

Wer anderen schmeichelt, hat noch einen langen Weg vor sich. Der Mann der sich selbst die Schuld gibt, ist auf halbem weg. Und derjenige, der niemanden beschuldigt, hat sein Ziel erreicht.

Niemand außer dir kann dir Frieden und glück bringen. Suchen Sie also nach Frieden und Glück in sich.

Wenn Sie in eine Welt hineingeboren werden, in der Sie sich nicht kompatibel fühlen, besteht der Grund für Ihr Leben darin, eine neue Welt zu schaffen.

Die Menschen kennen sich durch ihre geistigen Schwingungen, nicht durch ihr Aussehen.

Es verursacht viele Probleme von Missverständnissen. Ändern Sie also Ihre Missverständnisse, um Ihr Leben zu verbessern.

Frei und nicht abhängig zu sein bedeutet, mächtig zu sein. Diejenige, die dich plötzlich frei geben, oder die dich ohne besonderen Grund verlassen, lernen dich die Kraft loszulassen.

Menschen mit dem gleichen aussehen und inneren selbst werden niemals müde, aber Menschen mit unterschiedlichen Aussehen und innerem selbst sind dazu verdammt, müde zu sein, weil sie so tun, als wären sie etwas, was sein nicht sind.

Hass hört nicht mit Hass auf, sondern endet mit Liebe, und dies ist ein ewiges Prinzip.

Himmel und Hölle werden nur vom Menschlichen Verstand gemacht. Jeder Ort kann sich je nach Ihren Gedanken oder gut oder schlecht in Himmel oder Hölle verwandeln.

Wer anderen schmeichelt, hat noch einen langen Weg vor sich. Der Mann der sich selbst die Schuld gibt, ist auf halbem weg. Und derjenige, der niemanden beschuldigt, hat sein Ziel erreicht.

Niemand außer dir kann dir Frieden und glück bringen. Suchen Sie also nach Frieden und Glück in sich.

Frei und nicht abhängig zu sein bedeutet, mächtig zu sein. Diejenige, die dich plötzlich frei geben, oder die dich ohne besonderen Grund verlassen, lernen dich die Kraft loszulassen.

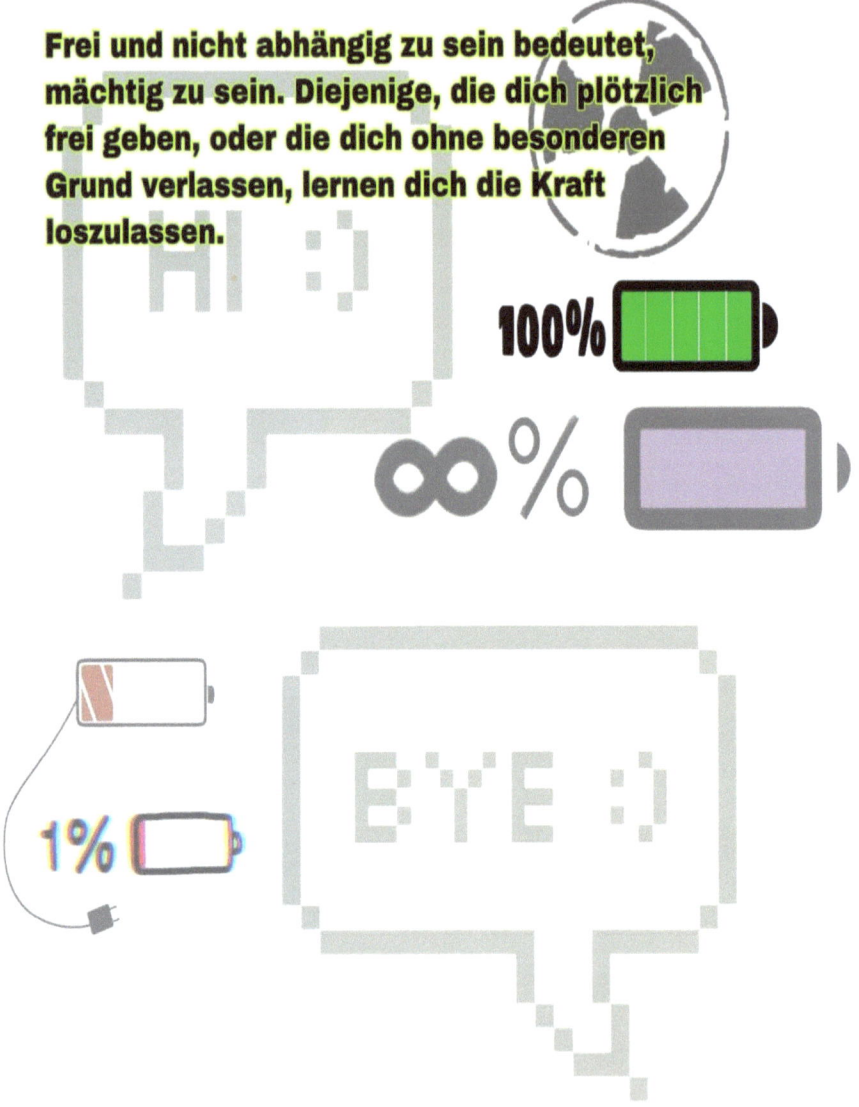

Es verursacht viele Probleme von Missverständnissen. Ändern Sie also Ihre Missverständnisse, um Ihr Leben zu verbessern.

Menschen mit dem gleichen aussehen und inneren selbst werden niemals müde, aber Menschen mit unterschiedlichen Aussehen und innerem selbst sind dazu verdammt, müde zu sein, weil sie so tun, als wären sie etwas, was sein nicht sind.

Vergleiche dich nicht mit dem Anderen. Sei die beste Version von dir selbst.

www.ingramcontent.com/pod-product-compliance
Lightning Source LLC
Chambersburg PA
CBHW041609220426
43667CB00001B/9